# RAPPORT

SUR

# LA LÉGISLATION

RELATIVE

## AUX ALIÉNÉS CRIMINELS

PRÉSENTÉ

Au nom de la première Section de la Société générale des Prisons

PAR

## M. E. PROUST

Substitut au Tribunal de la Seine.

*Extrait du* Bulletin de la Société générale des Prisons.
(*N° 8. — Décembre 1879.*)

PARIS

IMPRIMERIE CENTRALE DES CHEMINS DE FER

**A. CHAIX ET C**ie

RUE BERGÈRE, 20, PRÈS DU BOULEVARD MONTMARTRE

1880

# RAPPORT

SUR

# LA LÉGISLATION

RELATIVE

## AUX ALIÉNÉS CRIMINELS

PRÉSENTÉ

Au nom de la première Section de la Société générale des Prisons

PAR

## M. E. PROUST

Substitut au Tribunal de la Seine.

*Extrait du* Bulletin de la Société générale des Prisons.
(N° 8. — *Décembre 1879.*)

PARIS

IMPRIMERIE CENTRALE DES CHEMINS DE FER

**A. CHAIX ET C**ie

RUE BERGÈRE, 20, PRÈS DU BOULEVARD MONTMARTRE

1880

# RAPPORT

SUR

# LA LÉGISLATION

RELATIVE

## AUX ALIÉNÉS CRIMINELS

PRÉSENTÉ

Au nom de la première Section de la Société générale des Prisons

---

MESSIEURS,

La loi de 1838 sur les aliénés fut accueillie avec une faveur marquée au moment de sa promulgation; pendant vingt ans, elle a été louée sans réserve, et plusieurs puissances étrangères nous l'ont empruntée. Vers 1860, un revirement se produisit dans le public, des critiques ardentes furent dirigées contre cette loi qui avait été ratifiée par l'opinion publique, et pour répondre aux vœux qui se produisaient avec insistance, le gouvernement créait en 1869 une Commission chargée de rechercher les réformes pouvant être utilement introduites. Presque en même temps, la Société de législation comparée mettait la question à son ordre du jour, et après une enquête dans laquelle furent entendus beaucoup d'hommes compétents, le Comité qui avait été nommé, proposa la modification de certains articles, et signala entre autres choses, une lacune de la loi de 1838 qui ne contient aucune disposition relative aux aliénés accusés, condamnés ou acquittés. En 1875, le Congrès des sciences médicales réuni à Bruxelles, demandait à son tour que cette lacune fût comblée; la Société de médecine légale de France le suivit bientôt dans cette voie; et, enfin, le Congrès international de médecine mentale qui tenait ses séances à Paris dans le courant du mois d'août 1878, fut d'avis que la société n'était pas suffisamment garantie contre les aliénés dits criminels, et qu'une loi devait la mettre en mesure de se défendre plus efficacement.

Tous ces travaux démontrent que la question des aliénés criminels peut à bon droit préoccuper le législateur, le gouvernement se propose de la soumettre au parlement, et notre vénéré Président a pensé que la Société générale des Prisons devait réunir les documents sur la matière et formuler son opinion.

La section de législation s'est aussitôt mise à l'œuvre sous la direction de M. le premier président Mercier, et je viens, messieurs, vous apporter aujourd'hui le résultat de ses travaux.

Nous avons dû tout d'abord examiner les lois existantes, faire préciser les inconvénients auxquels il convenait de parer, puis rechercher les causes du mal, et enfin les moyens de le combattre.

Aux termes de l'article 64 du Code pénal « il n'y a ni crime ni délit, lorsque le prévenu était en état de démence au temps de l'action, ou lorsqu'il a été contraint par une force à laquelle il n'a pu résister. »

Il ne suit pas de là que la société soit complètement désarmée, et que l'aliéné qui ne peut plus être retenu par l'autorité judiciaire, doive nécessairement être mis en liberté; l'article 18 de la loi de 1838 donne, en effet, au préfet de police à Paris et aux préfets dans les départements, le droit d'ordonner d'office la séquestration, dans un asile, des personnes dont l'aliénation compromet l'ordre public, et, dans ces circonstances, l'administration ne fera habituellement aucune difficulté pour enfermer les inculpés ou accusés, déclarés irresponsables pour cause de démence. Mais, en fait, il peut arriver que l'avis du médecin désigné par le préfet diffère de celui de l'expert commis par la justice ; l'individu qui n'était pas sain d'esprit au moment de la perpétration de l'acte qui l'avait fait conduire devant les magistrats, aura quelquefois recouvré la santé avant d'être mis à la disposition de l'administration, et des hésitations fort légitimes pourront en conséquence se produire. La séquestration des aliénés dits criminels, qui constituent pourtant une des classes les plus dangereuses d'aliénés, n'est pas dès lors complètement assurée ; il y a là un péril pour l'ordre public, et aussi un trouble dans l'administration de la justice, car les tribunaux et les jurés se trouvent placés entre la crainte de condamner un malheureux qui est peut-être aliéné, et celle de faire rentrer dans la société des individus qui peuvent se livrer de nouveau aux actes les plus redoutables.

Mais, au cas même de séquestration ordonnée par le préfet, des difficultés très sérieuses se présentent encore. Il résulte, en effet, de la combinaison des articles 13, 20 et 23 de la loi de 1838, que les médecins doivent faire connaître chaque mois les changements survenus dans l'état mental de chaque malade, et lorsqu'ils ont déclaré que l'un d'eux est *arrivé à guérison*, le directeur de l'établissement est tenu d'en référer au préfet qui statue sans délai. Or quand est-ce qu'un aliéné est guéri? C'est là une question très complexe à laquelle il est souvent bien difficile de répondre d'une manière catégorique; en théorie on peut dire qu'un individu qui présente des chances sérieuses de rechute, est toujours un homme malade malgré les apparences, et qu'on ne doit pas lui ouvrir les portes de l'asile s'il a des instincts dangereux pour la société; pourtant, en présence de la loi qui punit les séquestrations arbitraires, beaucoup de médecins et d'administrateurs ne raisonnent pas ainsi, et comme d'autre part ils reconnaissent qu'il n'est pas prudent de rendre à la vie libre certains aliénés *momentanément guéris*, ils sont les premiers à demander qu'on les aide à supporter la responsabilité des séquestrations prolongées.

Du reste les médecins aliénistes sont encore à un autre point de vue, très embarrassés de formuler un avis lorsqu'il s'agit d'aliénés intermittents, comme le sont assez souvent les aliénés criminels: les aliénés ordinaires sont en effet généralement soumis, ils ne complotent pas contre le personnel; ceux, au contraire, qui pendant de longs intervalles ne présentent pas de signes d'aliénation, se révoltent contre les gardiens; ne comprenant pas pourquoi on les empêche de sortir, ils ameutent leurs camarades, et sont une cause incessante d'indiscipline et de danger pour le service. Les directeurs n'aiment pas en conséquence à les conserver, et dans l'état actuel de la législation, alors surtout qu'il n'existe pas de maisons spéciales pour les aliénés criminels, il est bien difficile aux médecins de s'opposer à la sortie d'individus qui ont, somme toute, les apparences de la santé.

Il est vrai que les préfets ne sont pas obligés de se conformer aux propositions qui leur sont faites, et qu'ils peuvent, malgré l'avis des directeurs et des médecins, ordonner le maintien de l'aliéné dans l'établissement, mais on comprend qu'ils puissent hésiter, leurs scrupules s'expliquent facilement, et si une circulaire peut les ramener à une exécution plus stricte de la loi en ce qui touche l'admission dans les asiles, les instructions ministérielles

ne pourront jamais les contraindre à maintenir en état de séquestration des individus que les médecins déclarent guéris.

D'ailleurs, si les médecins, ainsi que nous l'avons vu tout
l'heure, éprouvent de grands embarras et sont conduits par les circonstances à céder aux sollicitations des directeurs qui demandent
la sortie des aliénés criminels devenus calmes. les préfets eux
aussi sont amenés, mais par d'autres considérations, à ne pas
résister aux propositions de mise en liberté. Depuis la promulgation de la loi de 1866 et plus encore depuis celle de 1871, la
dépense des aliénés a cessé d'être obligatoire, on a donné aux
conseils généraux maîtres de leur budget, le droit de régler sans
appel les recettes et les dépenses des asiles, de telle sorte que
les préfets, pour ne pas dépasser les limites du crédit qui leur a
été ouvert, se trouvent dans l'obligation de restreindre le nombre
des aliénés à entretenir; comment dès lors ne saisiraient-ils pas
avec un certain empressement l'occasion qui leur est offerte d'al-
léger la dépense, en laissant rendre à la liberté des aliénés qui
menaçaient de s'éterniser dans l'asile du département?

Ainsi donc, en fait, dans l'état actuel de notre législation, les
aliénés criminels devenus calmes sont rendus assez souvent à la
liberté ; mais aussitôt rentrés dans la société, beaucoup d'entre
eux, sous l'influence des excitations et des excès qui les avaient
une première fois privés de l'intégrité de leurs facultés, perdent
de nouveau la raison, et les tribunaux voient ainsi reparaître
fréquemment devant eux des inculpés qu'ils doivent encore
acquitter, et qui se trouvent, en quelque sorte, en possession
d'un brevet d'impunité. Cette situation engendre une espèce de
conflit entre la magistrature et l'administration; et il en résulte
à un autre point de vue, un péril pour la société qui est con-
trainte de supporter, au milieu d'elle, des individus à folie
intermittente.

La question étant ainsi posée et délimitée, la section de législation
a été unanime à reconnaître qu'il fallait introduire dans la loi de
1838 un chapitre relatif aux aliénés criminels. Mais avant d'aborder
cette partie de son travail elle a rédigé un questionnaire qui a été
envoyé à tous nos correspondants étrangers.

En ouvrant ainsi une enquête, nous n'avons pas eu pour but
de traiter la question générale des aliénés, qui a été étudiée en
1871 et 1872 à la Société de législation comparée; mais nous avons
voulu savoir, d'une manière plus précise, quelles étaient les

mesures législatives adoptées par les autres pays, pour arriver à résoudre le problème spécial des aliénés criminels.

Notre appel a été largement entendu, des documents précieux et des travaux du plus grand intérêt nous sont parvenus des divers États de l'Europe et d'Amérique, et je suis assurément, messieurs, l'interprète de vos sentiments, en adressant ici nos plus sincères remerciements à tous ceux qui ont bien voulu nous aider dans notre tâche.

Il m'est impossible, dans un rapport d'ensemble, de vous rendre compte de toute cette correspondance, les réponses que nous avons reçues sont du reste publiées *in extenso* dans notre *Bulletin*, mais je vous demande la permission d'attirer votre attention sur les points principaux.

Dans tous les pays, le pouvoir administratif est chargé d'une manière générale de veiller à la sécurité publique, et, partant de ce principe, en Allemagne, en Croatie et en Hongrie, dans l'empire d'Autriche, dans le royaume d'Italie et en Suède, l'administration séquestre sous sa seule responsabilité, les aliénés criminels considérés comme dangereux. En Danemark, en Hollande et en Belgique, les aliénés criminels sont également soumis au régime presque exclusif de l'administration, car si les tribunaux peuvent séquestrer directement les inculpés et accusés déchargés des poursuites pour cause d'aliénation mentale, les décisions ainsi rendues ne sont valables que pour le placement; l'autorité administrative reprend aussitôt après toute son indépendance, et elle a le droit de mettre en liberté, sans le concours de la justice, les aliénés qu'elle considère comme inoffensifs ou guéris.

D'autres États ont au contraire une législation spéciale qu'il est intéressant d'examiner:

1. Dans la Grande-Bretagne et en Irlande, c'est le jury qui est appelé, spécialement au grand criminel, à décider si l'accusé n'était pas sain d'esprit au moment de l'accomplissement de l'acte qui lui est reproché; il le dit en ces termes: «not guilty being of unsound mind.» Le juge a alors le droit de dire que l'accusé acquitté sera séquestré jusqu'à ce que *le roi ait fait connaître son bon plaisir;* dans ce cas, le ministre de l'intérieur donne l'ordre de recevoir l'aliéné dans un asile et de l'y conserver *jusqu'à ce qu'il en ait été autrement ordonné* (Stat. 39 et 40 Geo. III, c. 94. — 3 et 4 Vict. 84, s. 3 et act April, 1867). En fait, lorsque le ministre reçoit soit des *visiting justices,* soit des *commissioners in lunacy,* l'avis qu'un

des aliénés de cette catégorie est revenu à la raison, il le fait mettre
en liberté ; pourtant si celui qui est signalé comme étant guéri a
commis un crime grave, tel qu'un meurtre par exemple, il ordonne
qu'il sera enfermé toute sa vie (Even though they have recovered
their right senses).

En ce qui concerne les inculpés jugés *sommairement,* c'est-à-
dire qui ont commis des délits ne pouvant généralement entraîner
plus de trois mois de prison, les jurisconsultes anglais estiment que
théoriquement la cour de police a les mêmes pouvoirs que le
jury, et que l'inculpé reconnu aliéné pourrait être mis à la disposition du secrétaire d'État ; mais en pratique on n'agit pas ainsi
et les petits délinquants sont renvoyés directement par le juge dans
un asile public du comté, ainsi que cela a lieu pour les aliénés ordinaires.

2. L'institution du jury n'existe pas en Norwège, et c'est, par
suite, aux tribunaux qu'il appartient de trancher la question de
responsabilité ; si l'individu acquitté pour cause d'aliénation mentale
est un fou dangereux et violent, l'autorité judiciaire ordonne la
séquestration (Christian V. livre I. 17. 7.) et il ne peut plus être
mis en liberté que sur l'avis conforme de la commission de con-
trôle nommée par le roi.

3. En Pensylvanie, toutes les fois qu'il apparaît qu'un inculpé
n'était pas sain d'esprit au moment de l'accomplissement de l'acte
criminel qu'on lui impute, le jury doit être appelé à répondre
spécialement à la question de démence, et, au cas d'affirmative, la
cour peut envoyer l'aliéné dans un asile pour y être détenu jusqu'à
parfaite guérison ( act April 20, 1869, sect. 4, P. L. 79). Lorsque
le séquestré revient à la raison dans les trois mois qui suivent, la
cour le met en liberté s'il n'avait jamais eu d'autre accès de folie ;
s'il est démontré au contraire que le détenu avait présenté anté-
rieurement des signes de démence, la cour a la faculté de le confier à la garde d'un tiers qui demeure responsable ; mais dans le
cas d'inculpation de meurtre ou de tentative de ce crime, l'aliéné
est considéré comme tout à fait dangereux et il ne doit être rendu
à la liberté qu'avec l'assentiment unanime du directeur de l'asile, du
médecin, et de la cour de justice devant laquelle il avait été tra-
duit (act April 20, 1869, sect. 5. P. L, 79).

4. Dans l'État de Wisconsin, l'irresponsabilité de l'accusé est
reconnue par le jury, mais si l'individu acquitté n'est plus en état
de démence au moment de l'arrêt, on ne prend à son égard aucune

mesure préventive ; sa mise en liberté est immédiate. Si l'aliénation mentale a persisté, la cour ordonne l'internement dans un asile, mais en vertu de l'édit « d'habeas corpus » le séquestré peut toujours solliciter sa mise en liberté, et la justice statue sur l'opportunité de la mesure. La commission des « trustees » a aussi le droit, sur l'avis conforme de deux médecins, de faire élargir les aliénés criminels ou autres qu'elle considère comme étant arrivés à guérison.

5. En Virginie, lorsque le jury a déclaré que l'accusé était irresponsable comme n'étant pas sain d'esprit au moment de l'acte criminel, la Cour le fait conduire dans un asile et il ne peut en sortir que sur l'avis de « la commission spéciale de direction ».

6. Aux termes des lois russes, les accusés atteints d'aliénation mentale ne peuvent être déchargés au cours de l'instruction que par arrêt de la chambre criminelle de la cour d'appel (art. 356 du Code d'instruction criminelle), et, au cas d'irresponsabilité, les individus qui étaient inculpés d'assassinat, de meurtre, d'incendie et de tentative de suicide, doivent toujours être renvoyés pour deux ans dans un asile d'aliénés. Ces deux ans écoulés, si le malade est guéri, il peut être mis en liberté.

Lorsque la question de responsabilité ne se soulève qu'après renvoi devant la juridiction répressive, la cour doit, à peine de nullité, interroger le jury sur l'état de démence au moment du crime (art. 754 du Code d'instruction criminelle) ; et la réponse affirmative entraîne la séquestration pour deux ans au moins.

En dehors de ces cas d'internement obligatoire, la loi fait des distinctions suivant que l'inculpé est en état d'idiotisme, de fureur ou de décrépitude, et les cours et tribunaux peuvent alors ordonner que l'aliéné acquitté soit enfermé dans un asile de bienfaisance, séquestré jusqu'à parfaite guérison, ou rendu à sa famille (art. 95, 96, 97).

Ces mesures prises, l'autorité judiciaire est toujours seule juge de l'opportunité de la mise en liberté des individus sequestrés par son ordre.

7. En Espagne, il n'y a pas de jugements par jurés et le tribunal qui a reconnu l'irresponsabilité peut faire enfermer l'inculpé dans un asile s'il le considère comme pouvant être dangereux pour la société ; l'autorité judiciaire intervient à la sortie, et si la partie civile ou le ministère public s'y opposent, les tri-

bunaux sont tenus, avant de rendre leur décision, de désigner des médecins qui rédigent un rapport spécial.

Je termine ici, messieurs, l'examen de la législation étrangère et il en résulte d'une manière générale que la question de démence est résolue directement par le jury dans les États qui jouissent de cette institution, et que, lorsqu'on a voulu tempérer les droits de l'administration dans le but d'éviter la mise en liberté prématurée des aliénés ayant commis des crimes et des délits, on a eu recours soit aux tribunaux, soit aux commissions spéciales de surveillance qui fonctionnent avec tant d'utilité en Angleterre, en Norwège et en Amérique.

En France, la Société de législation comparée a terminé son étude sur les aliénés par un projet de loi qui embrasse toute la matière, et qui donne exclusivement aux chambres d'accusation le droit de statuer sur la séquestration et la mise en liberté des aliénés criminels. La société de médecine légale est arrivée à une solution analogue en émettant le vœu que les pouvoirs confiés à l'administration fussent transférés aux corps judiciaires. Quant au congrès international de médecine mentale réuni à Paris l'année dernière, il s'est inspiré de principes différents, et il a pensé qu'une fois la sentence rendue, l'autorité judiciaire était complètement dessaisie, et que les mesures à prendre ensuite, rentraient dans les attributions exclusives de l'administration; puis, arrivant aux voies et moyens, il a proposé de rendre obligatoire la séquestration des inculpés déchargés des poursuites à raison de leur état mental, et, pour que la sortie des aliénés de cette catégorie ne pût avoir lieu qu'avec une extrême réserve, il a préconisé l'installation de commissions administratives qui auraient le droit de faire maintenir dans les asiles les aliénés fatalement destinés à commettre de nouveaux crimes s'ils recouvraient leur liberté.

En présence de ces documents, puisés en France aux meilleures sources, et de tous ces exemples fournis par les États étrangers, la section de législation a éprouvé un véritable embarras lorsqu'il s'est agi de choisir. Chaque nation a en effet besoin de lois appropriées à son caractère particulier, et il est bien difficile de faire passer un texte d'un pays dans un autre, même en le modifiant; d'autre part nous ne voulions pas détruire l'économie générale de la loi de 1838 qui pose de salutaires principes, et puis, il faut bien le dire, il nous semblait que les divers systèmes proposés heurtaient quelques règles fondamentales de notre organisation administrative et judiciaire.

Nous avons donc dû, en profitant des travaux de nos devanciers et en évitant de tomber sur les écueils qui nous étaient signalés, rechercher les moyens qui étaient propres à résoudre *chez nous* le problème des aliénés criminels.

La section a été tout d'abord presque unanime à reconnaître qu'il ne convenait pas de laisser les jurés souverains appréciateurs de la question d'aliénation mentale. Il en est autrement, il est vrai, en Angleterre et en Amérique, mais les inconvénients du système accepté dans ces pays se font déjà sentir, et au congrès pénitentiaire qui s'est tenu à New-York en 1876, l'honorable Charles P. Daly, *chief justice of common pleas*, faisait ressortir avec une grande force combien il est désirable pour la société et pour les accusés de ne pas abandonner au jury la décision d'un point aussi délicat. Ce n'est pas défiance de son intelligence et de sa fermeté, mais les questions mentales sont très complexes et l'on peut craindre qu'il n'ait pas une aptitude suffisante. Les magistrats ne touchent à cette matière qu'avec une certaine timidité, et combien l'incompétence n'est-elle pas plus grande pour les jurés qui n'ont pas l'expérience du juge, qui ne sont pas préparés à suivre les médecins dans leurs appréciations assez souvent contradictoires, et dont l'opinion serait, par suite, livrée à la seule impression du moment.

Ce point étant résolu, nous n'avons pas cru pouvoir admettre, non plus, à l'instar de certains législateurs étrangers, qu'un aliéné déclaré irresponsable pût être interné indéfiniment par ce seul motif qu'il avait commis un crime grave ; nul n'a le droit de séquestrer dans un asile un aliéné guéri. Pourtant la société a le devoir de se défendre, et il est juste qu'elle puisse faire détenir, par mesure préventive, l'homme qui, irrésistiblement poussé au crime, a cessé de subir cette impulsion par le fait de la séquestration, mais qui, rendu à la liberté, se trouverait placé sous l'empire de ses redoutables hallucinations. Ce n'est point là, en effet, un individu revenu à la santé.

Mais s'il est nécessaire et légitime de conserver préventivement dans un asile certains aliénés déterminés, qui prendra cette décision ? A diverses reprises on s'est tourné du côté des tribunaux, et pour soutenir leur opinion, les partisans de ce système disaient : « qu'on ne peut toucher en France ni à la personne, ni à la propriété qu'en vertu d'actes judiciaires. » Lors de la discussion de la loi de 1838, certains orateurs avaient déjà émis cette pensée, et ils revendiquaient pour la justice le droit d'ordonner le placement dans les asiles de tous les aliénés, dangereux ou non ; mais ces propositions furent rejetées comme contraires au principe de la séparation des pouvoirs, et le législateur s'est conformé aux véritables doctrines en laissant à l'autorité administrative le soin et la responsabilité du placement des aliénés. C'est, en effet, une des grandes règles de notre droit public que, si l'autorité judiciaire possède la police répressive, la police préventive appartient essentiellement au pouvoir administratif, et, par conséquent, lorsqu'il s'agit d'aliénés, les tribunaux ne doivent intervenir que pour faire cesser les séquestrations arbitraires.

D'ailleurs confier aux magistrats le soin de faire interner les aliénés criminels, ce serait les mettre dans un grand embarras, car ils auraient assez souvent à prendre parti entre l'avis des médecins et leur propre opinion déjà manifestée ; puis obtiendrait-on ainsi de meilleurs résultats ? Il n'y a pas lieu de le penser : les tribunaux ordonneraient bien, sans doute, la séquestration en se basant sur un danger actuel, mais ce que l'on veut pour les aliénés intermittents, pour les alcooliques incorrigibles, c'est une mesure préventive, et la crainte d'une rechute ne sera jamais l'élément d'une décision judiciaire. Aussi avait-on songé à organiser des commissions spéciales, de véritables corps administratifs qui auraient eu pleins pouvoirs pour faire détenir, dans les asiles, les aliénés criminels reconnus dangereux ; mais là encore nous avons rencontré des difficultés sérieuses tirées de deux ordres d'idées différents. D'abord quelles que soient les mesures spéciales à prendre vis-à-vis des aliénés criminels, on ne peut pas enlever aux préfets le droit de séquestrer d'office les aliénés dangereux, et que feront-ils si les tribunaux ou les commissions laissent vaguer en liberté des individus considérés à tort comme inoffensifs ? Tout en étant responsables de l'ordre public, resteront-ils désarmés ? Ce résultat est inadmissible. Enfin aussitôt l'élargissement ordonné, de nouveaux renseignements peuvent parvenir à l'administration, de nouveaux faits peuvent se produire, et il est indispensable que les préfets aient la possibilité de prendre, sans délai, les précautions dictées par les circonstances.

D'un autre côté, aux termes de l'article 29 de la loi de 1838, toute personne retenue dans une maison d'aliénés, les parents et les amis du séquestré peuvent se pourvoir devant le tribunal (chambre du conseil) qui, après les vérifications nécessaires ordonne, s'il y a lieu, la sortie immédiate ; or comment serait-il possible de concilier cette disposition générale avec une autre loi autorisant des commissions administratives à s'opposer à la mise en liberté ? Deux textes semblables ne peuvent subsister ensemble, et la section de législation a été unanime à reconnaître que les tribunaux étant les gardiens nés de la liberté individuelle, on ne pouvait priver les aliénés criminels du mode de recours qui est ouvert à tous les autres aliénés. Quant à créer des commissions administratives qui n'auraient que voix consultative, nous avons pensé qu'il n'était pas nécessaire d'édicter une loi à cet égard, et que les préfets sont libres s'ils le jugent convenable de s'entourer des lumières d'hommes compétents.

En définitive, l'administration n'a jamais mésusé du droit de placement d'office, et ce qu'il faut éviter seulement c'est le conflit possible entre le pouvoir judiciaire qui a acquitté un inculpé en vertu de l'article 64 du Code pénal, et le pouvoir administratif conservant la faculté de refuser l'internement. Mais si les abus ne sont guère à craindre à l'entrée, à la sortie au contraire, des hésitations peuvent se produire, ainsi que nous l'avons vu, et les préfets, en présence des certificats des médecins, n'oseront pas toujours prendre la responsabilité d'une séquestration prolongée ; il convient donc de fortifier leur autorité, et nous avons cru qu'on pouvait dans ce but s'adresser aux membres du parquet qui, tout en étant magistrats, sont aussi des administrateurs.

Maîtres du dossier, chargés par leurs fonctions de recueillir des renseignements sur les antécédents, le caractère et les habitudes des inculpés, les officiers du parquet qui représentent la société devant toutes les juridictions correctionnelles et criminelles, sont tout à fait en situation de désigner aux préfets ceux des aliénés acquittés qui doivent être séquestrés. — Voilà pour l'entrée — le principe de la séparation des pouvoirs est ainsi sauvegardé ; et pour éviter l'inconvénient d'une résistance possible de la part de l'administration, nous avons admis que le ministère public aurait le droit de requérir l'internement, et que le préfet serait tenu de se conformer provisoirement aux réquisitions qui lui seraient adressées.

Par voie de conséquence, nous avons été conduits à décider que le ministère public devait intervenir à la sortie, et nous lui donnons un droit de veto aux mises en liberté qu'il jugerait prématurées. Le préfet, forcé de s'entendre avec le parquet, trouvera ainsi un appui pour résister aux demandes de sortie, et afin d'éviter tout conflit légal entre les deux autorités, nous nous sommes arrêtés à l'idée que le désaccord entraînerait la séquestration, et que la mise en liberté ne pourrait avoir lieu que sur l'avis conforme du procureur de la République. Mais en agissant ainsi, nous n'avons pas voulu entraver les réclamations légitimes, elles pourront toujours se produire comme par le passé, et le séquestré, sa famille, ses amis, conservent le droit de se pourvoir, dans les termes de l'article 29 de la loi de 1838, devant la chambre du conseil du tribunal.

Ces principes acceptés et ces décisions admises, nous nous sommes demandé s'il convenait d'établir en France des asiles spéciaux tels que Broadmoor en Angleterre et Dundrum en Irlande; les raisons qui ont amené nos voisins d'outre-mer à créer des établissements pour les aliénés criminels, nous déterminent aussi à provoquer l'installation de maisons de ce genre.

Nous avons vu, en effet, que les aliénés intermittents, comme le sont beaucoup d'aliénés criminels, engendrent des troubles dans les asiles; on ne peut se dissimuler d'autre part que les individus qui ont commis des crimes ne soient un objet d'éloignement pour les autres malades et une cause de réclamation de la part des parents qui sont dans la nécessité de faire interner un des leurs; la création d'asiles spéciaux aux aliénés criminels répondrait donc à un besoin véritable, et cette innovation aurait en outre pour résultat de diminuer le nombre de simulateurs, qui n'ayant plus en perspective les chances d'évasion et le régime adouci des maisons de santé, renonceraient d'eux-mêmes à en imposer aux médecins et à la justice.

Dans ces asiles ou quartiers spéciaux, on pourrait détenir non seulement les aliénés criminels acquittés, mais aussi les condamnés devenus aliénés dans les prisons. Ces deux catégories d'aliénés ont entre elles une affinité évidente : la plupart des détenus qui donnent des signes de folie postérieurement à leur condamnation, étaient déjà frappés par la maladie avant de comparaître en justice; les uns et les autres doivent être soumis à une surveillance particulière, qu'on ne peut imposer aux aliénés ordinaires, et l'expérience démontre que les criminels qui deviennent plus tard aliénés, présentent cette disposition fâcheuse à commettre des actes violents, qu'on rencontre chez les individus qui se sont rendus coupables d'un crime ou d'un délit dans un accès de folie.

S'il en est ainsi, et si les condamnés devenus aliénés font courir à la société les mêmes dangers que les aliénés criminels acquittés, l'assimilation entre eux doit s'étendre à tous les points, et nous avons admis qu'à l'expiration de leur peine, les condamnés aliénés ne pourraient être rendus à la liberté que sur l'avis conforme du parquet, sauf recours à la chambre du conseil du tribunal dans les termes du droit commun.

Il ne serait pas du reste nécessaire de créer beaucoup de ces établissements ou quartiers spéciaux ; le nombre des individus à détenir à part ne s'élèverait sans doute pas à plus de 7 ou 800, et bien qu'il soit indispensable, pour mener à bonne fin cette nouvelle organisation et pour en assurer le fonctionnement, de mettre les frais de séquestration au compte de l'État, le budget n'en serait guère surchargé, car la population des prisons subirait assurément une décroissance marquée.

Voici maintenant, Messieurs, le projet de loi dans lequel la section de législation a résumé sa pensée :

### PROJET DE LOI.

*Ajouter à la loi du 30 juin 1838 les dispositions suivantes, qui en formeront les articles 42, 43, 44, 45, 46, 47 et 48.*

ART. 42. — Toutes les fois que l'état de démence d'un individu inculpé d'un fait qualifié crime ou délit par la loi aura motivé en sa faveur, soit une ordonnance de non-lieu, soit un jugement ou un arrêt d'acquittement, le ministère public aura le droit de requérir sa translation dans un asile, lorsque cet état de démence sera de nature à compromettre l'ordre public ou la sécurité des personnes.

ART. 43. — Les réquisitions du ministère public seront adressées aux préfets qui seront tenus provisoirement d'y faire droit.

ART. 44. — La sortie d'un aliéné ainsi placé ne pourra avoir lieu que sur l'avis conforme du procureur de la République du lieu de séquestration.

Art. 45. — Les individus condamnés pour crime ou délit qui deviendraient aliénés postérieurement à leur condamnation, pourront, sur l'avis conforme du procureur de la République du lieu de détention, être conduits dans un asile ; mais lors de l'expiration de la peine, ces aliénés-condamnés seront assimilés aux aliénés spécifiés dans l'article 42, et ils ne pourront être mis en liberté que dans les mêmes conditions.

Art. 46. — Les frais de translation et les dépenses d'entretien, de séjour et de traitement des individus séquestrés par application des articles 42, 43, 44 et 45, seront à la charge de l'État.

Art. 47. — La sortie des individus séquestrés en vertu des articles 42, 43, 44 et 45 pourra être demandée conformément à l'article 29 de la présente loi.

Art. 48. — Un règlement d'administration publique, qui devra être rendu dans le délai d'une année, déterminera les conditions d'organisation et de fonctionnement d'asiles spécialement réservés au placement des aliénés spécifiés dans les articles 42 et 45 : Il pourra ordonner suivant les circonstances, soit auprès des prisons, soit auprès des établissements publics d'aliénés actuellement existants, la création de quartiers distincts spécialement affectés à cette destination.

INPRIMERIE CENTRALE DES CHEMINS DE FER. — A. CHAIX E
RUE BERGÈRE, 20, A PARIS. — 1072-0

IMPRIMERIE CENTRALE DES CHEMINS DE FER. — A. CHAIX ET C<sup>ie</sup>,
RUE BERGÈRE, 20. A PARIS. — 1522-0.

9 782014 080537